# Les formes élémentaires de la vie narfec

## Une ethnologie des « rangés »

Jean Caze

# Les formes élémentaires de la vie narfec

# Une ethnologie des « rangés »

© 2020 Jean Caze

Éditeur : BoD-Books on Demand
12-14 rond-point des Champs-Élysées, 75008 Paris

ISBN : 978-2-3222-2663-6
Dépôt légal : Octobre 2020

Impression : BoD - Books on Demand, Norderstedt, Allemagne

« *Nous sommes tous obligés, pour rendre la réalité supportable, d'entretenir en nous quelques petites folies.* »

Marcel Proust

# PREFACE

*Jean Caze est né en 1929 et décédé en 1999. Anthropologue, membre du LADOC (Laboratoire d'Anthropologie Documentations et Observations des Cultures), spécialiste du Gabon, ses recherches s'intéressaient à l'organisation sociale, au partage et aux rapports de pouvoir à l'œuvre dans les actes de consommation alimentaire.*

*Chantre d'une ethnologie de terrain et adepte de l'observation participante, il est l'auteur de plusieurs ouvrages d'anthropologie à une époque où la discipline, en quête d'universalité, s'applique à construire un discours neutre sur les sociétés qu'elle observe. En s'imposant de suivre les règles strictes de la méthode ethnologique, Jean Caze tente de se défaire de toute prénotion pour décrire, avec précision et force détails, les structures qui se cachent derrière les apparences du matériel et du quotidien, afin de déceler ce qui, symboliquement, forme les sociétés qu'il étudie. Pendant près de vingt ans, cet amoureux du Gabon multiplie les missions de terrain au long cours et maintient une production scientifique régulière et de grande qualité. Parmi ses ouvrages et articles, citons* Le Piment et les boulettes, Anthropologie des consommations alimentaires chez les Bandjabi du Gabon, Un éléphant pour le village : analyse et codification du partage alimentaire chez les Fangs du Gabon *ou encore son remarquable* L'Initiation masculine des jeunes Bantous : des mythes opaques au Tetra Pak.

*Pourtant, à partir des années 1990, Jean Caze disparait subitement de la vie académique : il ne publie plus et cesse de fréquenter ses pairs. Il mènera cependant une enquête de terrain, sa dernière, portant sur sa propre société, avant de se retrancher pour écrire le manuscrit, malheureusement resté inachevé, que nous publions ici.*

*Reconstruit minutieusement à partir du sommaire et de notes rédigées de sa main, ce texte est illustré d'extraits de son carnet de terrain. Ces ajouts, qui n'étaient pas forcément destinés à paraître dans le manuscrit d'origine, témoignent de la finesse de ses observations et rendent compte du contexte social et intellectuel dans lequel Jean Caze évoluait.*

*En rassemblant aujourd'hui les fragments et écrits dans cette publication nous souhaitons rendre à Jean Caze les honneurs qu'il n'a jamais reçu. Immergé dans le quotidien narfec et bien que "déclassé" de l'académie, il offre ici un des plus beaux essais sur l'ethnologie du rangement.*

Amandine Plancade et Magali Nayrac

# INTRODUCTION

C'est à l'occasion d'un colloque qui avait pour thème Le Matériel et le symbolique que je me suis questionné pour la première fois sur ma société. Ma communication portait alors sur les liens existant entre l'organisation sociale de certains groupes gabonais et le déroulement du repas qui reprend et réactualise cet ordre. J'avoue, en toute sincérité, que durant ce colloque et plus encore lors de mon intervention, j'ai ressenti d'étranges sensations, une oppression mêlée de fascination en réalité.

Nous étions tous réunis pour discuter du lien existant entre le matériel et le symbolique quand, ironie du sort, j'éprouvais une impression d'étouffement provoquée par le fait que j'étais en train de vivre, sur le moment même, ce que j'expliquais au public. Il se dégageait de la salle dans laquelle j'étais en train de parler une force qui, a priori, n'interloquait personne d'autre que moi. Tout m'intriguait : la forme allongée de cette pièce, la hauteur des murs, le public bien aligné en rang, les ouvertures donnant sur l'extérieur, ma propre place de conférencier assis au centre d'une très longue table... Le déroulement du colloque lui-même m'interpella : le temps imparti à chacun des intervenants, celui concédé aux questions et les rappels à l'ordre des discutants qui ne cessaient de signaler qu'il ne fallait « pas trop déborder ». Tout en poursuivant ma communication, je scrutais cette organisation. Ces rectangles qui se dessinaient en toute chose et indéfiniment ont déclenché chez moi de vives émotions. La situation que j'étais en train de vivre, pourtant si habituelle, me paraissait soudain surréaliste. C'est alors que je fis un malaise vagal.

Après la conférence, les intervenants étaient invités à dîner. Remis de mes émotions, je pris part au groupe, comme prévu. Nous étions onze personnes et, à notre arrivée, un serveur nous accueillit d'un franc bonjour et ajouta qu'il nous avait gardé, « comme convenu », la grande table ronde « très appréciée des habitués ». À ce moment précis, quelque chose me fascina. Je regardais la configuration de la salle, je la contemplais presque… L'agencement des tables toutes rectangulaires, mise à part celle que nous occupions, était linéaire. À chaque table étaient assises des personnes en nombre pair, regroupées par deux, quatre, six voire huit. Sur chaque table étaient disposés des ustensiles alignés tous à l'identique, répétant ainsi la figure géométrique de la masse qui les supportait. L'arrivée d'un serveur interrompit mes observations. Machinalement, j'ai commandé pour l'apéritif, puisque c'est là que nous en étions, un whisky glace... Sans que je puisse me l'expliquer, cette sensation de reproduction, le glaçon compris, me causa à nouveau un vertige nauséeux.

Après le repas, je suis rentré chez moi. J'ai entamé une exploration minutieuse de toutes les pièces de mon appartement et j'y ai décelé la même organisation. Je me suis alors assis confortablement dans mon canapé pour réfléchir et, appuyé contre le dossier de celui-ci, j'ai senti que mon corps était tenu d'équerre. C'est dans cette position que j'ai commencé – pour mieux le ressentir de l'intérieur de mon être - à rédiger des observations et à réaliser des croquis sur mon carnet de terrain comme j'avais l'habitude de le faire lors de mes précédentes enquêtes. Les jours suivants, j'ai discuté avec mes collègues des sensations ambivalentes de pénibilité, d'étouffement et de surprise que je ressentais. J'ai été très étonné de découvrir qu'ils ne les partageaient pas. Ils paraissaient totalement indifférents à ce qui pour moi, désormais, devenait un questionnement incontournable. C'est alors que l'un d'entre eux, voulant railler mon effervescence intellectuelle, m'indiqua que ces impressions étaient peut-être liées au fait que j'avais trouvé mon nouveau terrain d'enquête. Il ne croyait pas si bien dire ! Sa remarque a contribué à me faire comprendre, ou plutôt à conforter, ce que déjà je pressentais : je devais aller vers une étude approfondie de cette société, de ma propre société. Quitte à bouleverser ma carrière, quitte à m'éloigner de ces anciens collègues pour qui notre société ne pouvait être un objet d'étude légitime. Ce grand plongeon je l'ai entrepris tout en me questionnant: comment s'immerger dans le proche sans risquer de boire la tasse ?

Pour me distancier et me défaire de mes prénotions, il me fallait trouver un terrain d'enquête qui ne me soit pas déjà connu, un terrain neutre pour ainsi dire. Il me fallait donc rencontrer d'autres Narfecs de mon voisinage, prêts à jouer le jeu de l'enquête au long cours.

Après six années d'enquête éprouvantes, je pris la décision de me retrancher à la campagne pour écrire cet essai, veillant à ce que le lecteur puisse s'immiscer lentement dans la vie narfec et disposer des clés nécessaires à la compréhension de sa complexité.

J'ai décidé d'orienter l'écrit vers la question de la légitimation du pouvoir en Narféquie. Comme je vise à le démontrer ici, celle-ci est essentiellement matérialisée par l'omniprésence structurelle et structurante des rectangles.

douche (qui a certes une forme amolie
mais qui ne reste pas moins rectangulaire)
les coussins et les matelas, les briques,
les lingots d'or, les défilés militaires,
les berceaux, les parcs pour enfant,
les panneaux, les canapés qui même s'ils
disposent d'accoudoirs arrondis tiennent
toujours le corps d'équer

Mais enfin ! Regardent-ils ? Les maisons, les
fenêtres, les volets, les paillassons, les
feuilles, les téléviseurs, les baignoires,
les compteurs d'électricité, les livres,
les journaux, les étagères, les emballages des produits que nous consom-
mons tous les jours, les lasagnes,
les poissons panés, le rideau de
douche (qui a certes une forme amolie
mais qui ne reste pas moins rectangulaire)
les coussins et les matelas, les briques,
les lingots d'or, les défilés militaires,
les berceaux, les parcs pour enfant,
les panneaux, les canapés qui même s'ils
disposent d'accoudoirs arrondis tiennent
toujours le corps d'équer

# PREMIERE PARTIE

# DELIMITATIONS SYMBOLIQUES ET

# ADMINISTRATIVES DE LA NARFEQUIE

# UNE COSMOGONIE
# REINVENTEE

Quelconque observateur, pour peu qu'il accepte de se distancier de sa connaissance pratique du monde, peut se rendre compte que les objets utilisés par les Narfecs sont formés, pour l'essentiel, par un assemblage de rectangles qui se présentent parfois à la profondeur de notre regard sous la forme de parallélépipèdes. Pour illustrer mon propos et conforter cette analyse, je mettrai en évidence les termes qui se matérialisent par cette figure géométrique en les présentant selon une mise en forme uniformisée. Aussi, à chaque fois qu'un terme renverra à la forme rectangulaire, celui-ci sera écrit *en italique et en caractères gras*. Ce choix tient à ma volonté d'apporter un point de vue scientifique sur la normalisation, ou plutôt devrais-je dire sur la formalisation, à l'œuvre dans cette société. Le lecteur pourra juger ainsi par un simple regard porté sur les mots qui se détachent de ce texte combien la forme rectangulaire marque sa présence dans cette société. Par ailleurs, la mise en évidence de ces termes tient aussi à ma volonté d'épargner au lecteur des descriptions techniques qui rendraient la lecture de ce texte plate et lassante.

L'une des observations les plus saisissantes lorsqu'on parcourt les rues narfecs concerne les habitations. Les hommes se logent les uns sur les autres dans des *appartements*, c'est-à-dire des divisions de grands *parallélépipèdes* (les immeubles) se scindant eux-mêmes en *sous-parallélépipèdes* donnant sur des ouvertures rectangulaires plus communément appelées *fenêtres* ou *portes*. Comme l'habitat est structuré par et dans le rectangle jusqu'aux *briques* ou aux *parpaings* qui le construisent, on peut se demander si l'habitant, lui, ne serait pas habité par cette forme, par cette structure qu'il produit, et qui se reproduit à l'infini, ou presque...

Pourtant aujourd'hui encore les Narfecs représentent schématiquement leur pays par une grossière figure géométrique à six côtés et le disposent au centre de la terre. Pourquoi la Narféquie est-elle donc représentée ainsi ? Continuons notre réflexion pour tenter d'avancer une explication à cela.

Les objets utilisés au quotidien sont également rectangulaires et achetés dans des magasins qui le sont tout autant. S'il est inutile de dresser une liste qui serait forcément non exhaustive, nous proposons au regard du lecteur l'énumération suivante : les *berceaux*, les *étagères*, le *bureau*, le *compteur électrique*, les *billets*, la *douche*, le *rideau de douche* (lui-même forme molle du rectangle), la *baignoire*, le *poisson pané*, les *feuilles*, le *journal*, les *tombes*. Cette énumération succincte montre combien les objets, les biens et les choses, tous formés par des assemblages de rectangles, encadrent la vie jusqu'à enclaver la mort et s'inscrivent dans les usages, les rites et les activités les plus quotidiennes.

Cette forme élémentaire qui envahit quasiment toutes les choses de l'univers matériel, à commencer par le fait d'être accueilli dès les premières minutes de sa vie dans un *berceau*, s'impose aussi à l'univers social. En effet les enquêtes de l'INS montrent que les individus de cette société se reconnaissent autour de l'idée qu'il est essentiel d'acquérir des biens et des choses pour exister. C'est donc bien là les choses qui forment l'existence, et non l'inverse.

L'analyse de la composition sociale fournie par l'INS montre que cette société se compose de quatre groupes sociaux qui se répartissent en volume les biens de façon égalitaire. L'enquête de terrain que j'ai menée m'a conduit dans un premier temps à des résultats similaires. Néanmoins une analyse plus approfondie des entretiens a montré que l'acquisition rassemble tout autant qu'elle départage. Si Bérénice explique qu'elle "dispose d'autant de *rideaux de douche* que de salles de bain" (3), Michel, quant à lui, "file une fois par semaine du *poisson pané* à ses enfants". A la suite de cela, nous comprenons que si tous les Narfecs acquièrent des choses, les choses acquises diffèrent et en ce sens différencient les Narfecs entre eux. La composition sociale de cette société pourrait donc être schématisée par une pyramide à quatre niveaux.

Dans le socle de cette pyramide, la catégorie 1 regroupe une grande majorité des Narfecs. Ces individus accèdent au *logement* par la location et aménagent leur cadre de vie avec les choses qu'ils ont pu acquérir mais qui se restreignent à celles que leur *portefeuille* leur permet d'acheter. La catégorie 1 supporte la catégorie 2, dont les individus se distinguent par l'acquisition d'un *véhicule* (4 × 4), d'un *logement*, de son ameublement, et notamment d'une *cuisine équipée* savamment sélectionnée selon un bon rapport qualité prix. Reposant sur eux, les individus de la catégorie 3 possèdent quant à eux bien davantage. Ces possessions, notons-le, commencent à peser sur le socle. Au *logement*, aux *véhicules* multiples et à la *piscine* s'ajoutent les *résidences secondaires* et autres *biens immeubles* dont il sera bien inutile de préciser à qui profite l'usage. Enfin, distingué et porté par l'ensemble, au sommet se situe la catégorie 4 – dont les acquisitions ne sauraient être détaillées – et dont les individus se démarquent en sus par la matérialisation structurelle de leur présence à la *télévision*, dans les *journaux* ou à l'intérieur des *cadres* disposés dans chacune des mairies.

Ce modèle, qui rend compte de la composition sociale de la société narfec et en propose, de prime abord, une lecture figée sinon fixiste en se référant à la statistique des grands nombres, illustre néanmoins les enjeux individuels sous-jacents : celui de gravir les *marches*, sinon de maintenir sa position lorsqu'elle est reconnue comme confortable. Il s'agit d'éviter autant que faire se peut de supporter le poids des catégories situées au-dessus de soi dans la pyramide et notamment le poids de leurs *biens immeubles*. En effet si la *pierre*, comme chacun sait, est une valeur sûre, c'est bien parce qu'elle pèse lourd sur le socle.

Ainsi, les biens acquis structurent la société, organisent les rapports sociaux hiérarchisés et assurent leur légitimité, dans la mesure où ceux qui possèdent détiennent par ailleurs la maîtrise du symbolique. Le rectangle est une manifestation et une légitimation du pouvoir, puisque le monde est ordonné et pensé selon le chiffre quatre (4), tels les quatre côtés du glorieux rectangle, et tout en dépend.

La devise du pays se fonde également sur cette forme : « Liberté, égalité, fraternité et dérogation ». Cet ordre qui prévaut est défendu et fêté chaque 14 Juillet lorsque les militaires se vêtissent tous à l'identique pour marcher le long de grandes *avenues* derrière des *chars*. Ces militaires défilent en bataillons. Ainsi rangés et alignés, ils avancent au rythme d'une musique à deux temps, levant la même jambe de façon à ce que le genou, le mollet, le buste et leur ombre au soleil de midi reflètent à chacun de leurs pas des rectangles qui, combinés entre eux, illustrent la puissance totale du rectangle.

À ce point du développement, il nous faut reprendre notre questionnement initial : pourquoi surnommer Hexagone un pays dans lequel le monde matériel, symbolique et social s'organise par et dans le rectangle ? Sur ce point, nous rejoignons les travaux de Bière Pourdieu lorsqu'il pointe la construction de la légitimité du chiffre quatre (4) :

> « Tout se passe comme si le chiffre six (6) fondateur de toute la cosmogonie narfec s'était vu substitué par le quatre (4), du jour au lendemain et par le même procédé oublié, sans d'autre légitimation que l'exercice d'une pression qui, en substituant un 4 par un 6 et imposant cette nouvelle forme du 4 dans l'univers social, symbolique et matériel, a réussi un coup de force qui permet de reconnaître aujourd'hui le quatre (4) comme un chiffre dominant et légitime. »

À la suite des recherches de Pourdieu, nous pensons que l'Hexagone représente une survivance de l'ancienne cosmogonie narfec, qui consistait à se représenter le monde selon une forme plus arrondie, douce et féminine. En effet l'hexagone relève d'une forme « entre-deux » : il tient du cercle tout d'abord qui peut être tracé à partir des sommets de chacun de ses angles, et du rectangle qui se forme en exerçant une pression sur les côtés de l'hexagone qui se font face. L'adoption de la rectangularité relève d'un processus socio-historique complexe dont il nous serait mal aisé d'expliquer les étapes tant les historiens ont délaissé ce sujet. Nous ne prétendrons donc pas reconstruire le processus qui a mené à l'uniformisation de la société narfec mais nous allons, et c'est bien là la tâche dédiée aux anthropologues, nous attacher à en comprendre les incidences sociales.

# LA FORCE DE L'ORDRE

Tous les habitants de la Narféquie ne sont pas forcément Narfec. La Narféquie compte ainsi 2 catégories d'individus : les Narfecs et apparentés (ressortissants des pays voisins) et les autres.

Les Narfecs et apparentés disposent de "papiers", un document qui se nomme la *carte d'identité* et qui n'est autre qu'un rectangle de papier plastifié sur lequel figure la *photographie*, le nom de l'individu qui le possède et la précision systématique : nationalité narfec. Ainsi, nous pouvons affirmer qu'un Narfec est reconnu comme tel si et seulement s'il est encarté.

Les autres ne possèdent pas ce document et disposent de droits très limités, voire n'en ont pas du tout. Parmi eux, certains néanmoins disposent d'un *titre de séjour*, qui leur permet de rester sur le territoire narfec, de marcher librement, de se narfeciser et d'apprendre à chanter la Barreseillaise. Précisons que pour obtenir *un titre de séjour*, les aspirants doivent avant tout prouver leur aptitude à rentrer dans des *cases* administratives toujours plus restreintes et exigües.

En Narféquie, le fait d'être ou de ne pas être Narfec est important car déterminant de ce qui sera accordé aux individus. L'attribution dépend de critères variables tels le lieu de naissance, l'identité des ascendants ou de l'individu avec qui l'on habite, le fait d'avoir séjourné assez longtemps pour pouvoir prétendre connaître les valeurs du pays. De cette attribution va découler nombre de droits, tel celui de marcher pour circuler qui, à défaut, oblige le non-Narfec à faire preuve d'une souplesse exemplaire : celle le rendant capable de prendre les jambes à son cou pour éviter les forces de l'ordre et l'enfermement.

Ces procédés qui visent à départager les occupants de la Narféquie témoignent de la manière narfec d'appréhender le monde social, manière qui vise à ranger - et peut être même à classer - les habitants du territoire et de leur accorder des droits, ou pas. Ce rangement instauré depuis des décennies influe aujourd'hui sur la façon – ambivalente - dont les Narfecs perçoivent l'Autre. Cet Autre est parfois reconnu comme source d'une grande richesse, notamment lorsqu'il apporte de la diversité comme avec la recette du couscous, ou encore lorsqu'il participe aux travaux agricoles et industriels ou aux exploits sportifs de la nation. Mais cet Autre reste néanmoins quelque peu à part de l'imaginaire national. Il n'est pas et ne sera pas, même après trois générations de transformation, ce que sont les Narfecs. De ce fait, les adjectifs et sobriquets ne manquent pas pour qualifier son altérité.

# DEUXIEME PARTIE

# LE PACTE RECTANGULAIRE

# L'ACTIVITE TRAVAIL POUR ETRE EN PLACE

L'économie narfec se fonde, comme dans nombre de sociétés, sur des échanges. Dans ce chapitre, nous décrirons minutieusement le système au sein duquel s'inscrivent les dons et contre-dons afin d'interroger les frontières de cet échange. Les échanges se limitent-ils aux dons de choses rectangulaires ou débordent-ils ce cadre ? Pour répondre à cette question, nous allons dans un premier temps observer la place de l'activité travail, laquelle permet également de classer les individus.

Durant la journée, les Narfecs occupent une grande partie de leur temps à pratiquer des activités. Celles-ci sont variables et consistent par exemple à répondre au *téléphone*, à mettre en *paquets* cartonnés des médicaments, à faire le réassortiment du *rayon* boucherie, à conduire un *autobus*, à défiler en rang, à construire des *maisons* ou, plus rarement, à écrire des *livres*. Parmi toutes les activités réalisées par les Narfecs certaines sont considérées comme « un travail » alors que d'autres ne le sont pas. Ainsi, le labeur des enfants dont il est pourtant dit qu'ils *travaillent bien à l'école,* ou encore celui des mères au foyer qui endossent le *tablier,* ne sont pas reconnus comme « un travail ».

Cette volonté de départager les activités selon qu'elles sont ou ne sont pas un travail dénote des enjeux sous-jacents. Nous savons que les Narfecs se mettent en quatre pour exercer leur travail dans une *boîte*. Ce travail leur assure une place et, selon qu'elle est bonne ou pas, le fait d'être « en place ». À ce titre, le travail permet de vivre. Si cela ne signifie pas que ceux qui ne travaillent pas meurent, nous savons que l'absence de place confère à ces derniers un statut peu honorifique.

Afin d'éviter que ceux qui n'ont pas de place dans une *boîte* ne tournent en rond, l'État a mis en place un *service administratif* qui les comptabilise et leur assure l'appartenance à une catégorie. En effet, l'une des tâches confiées aux employés de ce service consiste à ranger ceux qui n'ont pas de place, c'est-à-dire qu'ils s'efforcent, à travers la pression digitale répétée sur des *touches*, de rentrer les demandeurs dans des *cases* apparaissant sur un *écran* appelé le système informatique. Sitôt rentrés, les données relatives au demandeur ressortent sur une *feuille* imprimée, laquelle certifie qu'il rejoint les membres de sa catégorie. Le processus est parachevé lorsque la *feuille* qui matérialise celui à qui la place fait défaut se retrouve classée dans des *dossiers*, eux-mêmes stockés sur des *étagères* prévues à cet effet. Ainsi nous voyons que ce service dédié aux sans place est aussi porteur d'agencements qui traduisent la volonté sociale de disposer les individus dans des contenants.

Si le travail permet de vivre, c'est qu'il assure à ceux qui le pratiquent, du moins en théorie, un ensemble de choses qui participent à leur insertion sociale. En effet, le travail permet de recevoir un document nommé « la *paie* » et qui, comme nous le verrons par la suite, permet une participation active aux échanges économiques du pays.

Ainsi, nous comprenons à travers cette présentation,

que le travail ne se résume pas à la pratique d'une activité. D'une part, parce qu'il existe des formes de travail qui ne sont pas reconnues comme telles : le travail de l'écolier ou de la mère au foyer. D'autre part, parce que l'activité qui consiste à chercher activement une place, même si elle participe à fournir à d'autres un travail, ne donne pas le droit de recevoir la *paie*. Nous en conclurons donc que le travail est reconnu comme tel dans la société si et seulement s'il rapporte la *paie*.

# LE RECTANGLE MAGIQUE :

## PROCESSUS DE TRANSFORMATION DE LA PAIE EN MONNAIE

La *paie* est un document qui comporte un *tableau* composé de longues colonnes et de lignes à l'intérieur desquelles sont inscrits des chiffres et des dénominations variées. En observant différents Narfecs ouvrir ces lettres déposées mensuellement dans leur *boîte aux lettres*, j'ai pu constater que la *case* située en bas à droite du document attire plus particulièrement leur attention. La *paie* correspond à une somme d'argent perçue de manière indirecte sur un compte ; qui n'est autre qu'une sorte de *feuille* sur laquelle figure un *tableau* composé, à nouveau, de lignes et de colonnes à l'intérieur desquelles sont inscrits des nombres et des dénominations.

Tout comme pour la *feuille de paie*, le regard des Narfecs est attiré par une case en particulier sur la *feuille de compte*. Cette fixation, néanmoins, se dissipe quand le Narfec amorce une lecture consciencieuse et bornée du document. Le regard est contraint de remonter jusqu'en haut de la feuille. La lecture demande alors de réaliser mécaniquement de petits mouvements de tête de gauche à droite. Parfois, craignant de mélanger les lignes, le Narfec utilise son index pour mieux suivre. À la fin de la lecture, cette *feuille de compte* est rangée dans une **boîte** qui contient généralement d'autres *feuilles de compte* empilées.

Cette transaction qui consiste à donner de soi dans le travail pour que la *paie* apparaisse sur la *feuille de compte* puis dans la boîte aux lettres via la *feuille de paie* ne représente que l'amorce d'une circulation de choses que nous proposons de nommer « pacte rectangulaire ».

La *feuille de compte* dresse un état de la somme d'argent que possède ou ne possède pas le propriétaire du compte. En effet, certains Narfecs possèdent sur leur compte moins d'argent que rien, autrement dit leur compte peut décompter, jusqu'à un certain seuil fixé au cas par cas, mais qui néanmoins s'avère payant lorsqu'il est dépassé.

**Transformer**

Avec l'argent du compte (ou son absence) les Narfecs pratiquent l'achat. Ainsi, ils acquièrent des choses en se rendant dans les nombreux lieux prévus pour la réalisation de cette activité. Certains restent même dans leur *logement,* car on peut acheter sans se déplacer, mais dans ce cas cela s'appelle plus souvent commander et cela nécessite un *équipement de télécommunication.* Pour acheter, les Narfecs utilisent différents moyens de paiement car la *feuille de compte* n'est pas directement utilisée pour payer. Les Narfecs peuvent payer avec une *carte bleue,* sorte de rectangle en plastique qui, comme son nom l'indique peut être de couleur bleue, ou parfois, par antiphrase ou par prestige, de couleur dorée. Cette carte permet de retirer du *distributeur* des *billets,* de taille et de couleur variables, qui servent également à acheter.

Quel que soit le moyen de paiement utilisé, il faut comprendre, comme nous l'avons déjà expliqué, que l'échange de l'argent gagné par le travail contre l'acquisition de biens ou de services est une finalité en soi. En réalité, il s'agit sans conteste de la finalité que tous les Narfecs partagent, bien au-delà de leurs nombreuses différences en termes d'opinions politiques, de goûts ou encore d'odeurs.

**Echanger**

Décrivons à présent l'un des échanges observés. Martine, qui dispose d'une paie inscrite sur sa *feuille de compte*, se rend dans un magasin pour acheter des produits alimentaires qui composeront ses repas. Elle dépose dans son *caddie* un *quatre-quarts*, une *boîte de sucre*, une *barquette de brandade de morue*, un *paquet de lasagnes*, des *barres de céréales*, trois *tablettes de chocolat*, cinq *boîtes de sardines*, un *paquet de sachets de thé*. Sur chacun des emballages apparaît une case comportant un tableau composé de colonnes noircies et de chiffres, appelé le *code-barres*.

Quand Martine a terminé de se servir, elle se dirige vers la sortie où se situent les *caisses* et déplace les *denrées* de son *caddie* vers le *tapis roulant*. Là une personne se charge de révéler les informations contenues dans chaque *code-barres* en cachant un faisceau de lumière émanant de la *caisse* avec ce dernier. Quand tous les *codes-barres* ont caché la lumière, le total à payer s'affiche sur un *écran*. Martine paye avec sa *carte bleue –* dorée – et reçoit en échange un *long papier* comprenant autant de chiffres que de dénominations, et un autre plus court sur lequel n'apparaissent que des chiffres, accompagnés de quelques vagues inscriptions de remerciement.

La somme d'argent payée au *magasin* est retirée sous forme de dénomination et de chiffres de la *feuille de compte* de Martine mais ne disparaît pas pour autant : elle se déplace seulement. En effet, dans cette rectangulation le donateur de *produits alimentaires empaquetés* reçoit la somme d'argent et se trouve, de ce fait, à son tour donataire, puisqu'il reçoit sur sa *feuille de compte* une dénomination et des chiffres se rapportant à l'achat de Martine.

Pour résumer la situation et tenter d'appréhender cette rectangulation, nous pouvons dire que Martine achète avec une partie de sa *paie*, au moyen de sa *carte bleue –* dorée *–*, des *produits alimentaires* et deux *papiers* rectangulaires, dont un plus court que l'autre. Ceci entraîne de fait une notification précédée du signe moins (–) sur l'une des lignes de sa *feuille de compte*.

Cette brève description nous montre donc combien en Narféquie les échanges s'organisent par et dans le rectangle : en effet, la plupart des transactions se résument en dons et contre-dons de choses rectangulaires.


**Jeter**

Quelques objets permettent toutefois de poser des limites à cette théorie, puisque parfois les échanges se soldent par un rejet.

Une partie de la population narfec adore jouer. Précisons que cette activité consiste à gratter au moyen de son ongle, sur un *ticket*, une *case* recouverte d'une pellicule qui, une fois ôtée, laisse apparaître un symbole, un chiffre ou un nombre.

Martine utilise ainsi une partie de son argent pour s'adonner à cette activité. Un jour, elle retire des *billets* au *distributeur* et se rend dans un *bureau de tabac*. Après avoir choisi les *tickets* de jeu, Martine donne un *billet* et reçoit en échange dix de ces *tickets* qu'elle s'empresse alors de gratter. Après, l'apparition de dix zéros successifs dans les *cases*, elle commente la situation de la sorte : « Bah, ce sera pour la prochaine fois », et se faisant elle jette les *tickets* dans une poubelle. Nous pouvons donc affirmer, à la suite de cette transaction qui a consisté à donner un *billet* contre dix *tickets* que Martine a jetés, qu'une partie des choses échangées ne sont destinées ni à être gardées, ni à circuler, mais à être mises au rebut.

D'autres choses rectangulaires qui se jettent après leur échange nous donnent des pistes quant à leur utilité et leur fonction. Ainsi, généralement, les Narfecs consomment des *produits alimentaires* contenus dans des *emballages* qui sont généralement mis aux ordures. D'une certaine manière le monde matériel est envahi par le rectangle et si tous les rectangles et parallélépipèdes ne se ressemblent pas, ceci reste bien moins évident pour le cas des *aliments* qui souvent sont de calibrage, de volume et de couleur identiques. Aussi, pour éviter le désagrément de confondre un *poisson pané* avec une *barre de céréales au miel* par exemple, les Narfecs entourent les *aliments* avec des emballages afin de nommer ce qu'ils contiennent. Autrement dit, une fois cette fonction de qualification effectuée, ces derniers ne servent à rien d'autre et, de fait, n'ont pas besoin d'être conservés.

# LES GARDIENS DU PACTE

Si nous avons longuement évoqué la circulation des choses rectangulaires, nous aurions tort de penser pour autant que toutes les choses circulent. Il existe en effet, comme le signale les travaux de Ramette Einer, des choses bien gardées. Ainsi, disait-elle :
« Le don n'envahit pas toute la sphère du social. Il existe des choses qu'il faut garder même si elles circulent. Ces choses affirment en profondeur une structure et sa continuité à travers le temps, affirment l'existence des différentes identités entre individus, groupes qui composent une société ou qui veulent se situer les uns par rapports aux autres, selon qu'ils possèdent ou non des choses de plus ou moins grande valeur. »

En Narféquie, certains objets sont précieusement conservés, tels les *biens immeubles* ou encore les *lingots d'or* qui, s'ils circulent de *mallettes* en *coffres*, d'une *banque* vers une autre au moyen d'un *camion blindé*, restent néanmoins toujours bien gardés.

Par ailleurs, les Narfecs connaissent l'existence des *lingots d'or* mais n'en savent guère plus : l'information à leur sujet ne circule pas non plus. Je n'ai pu mener aucune observation ni entretien auprès des gardiens et détenteurs de ces *lingots*. Si toute autorisation d'accès m'a été refusée j'ai pu comprendre, au détour de certaines phrases, que les secrets ne sont pas gardés que pour l'ethnologue. Ainsi quand quelqu'un dispose de plusieurs serrures sur la *porte d'entrée* de son *logement*, on dit à ce dernier : « C'est pire que la Banque de Narféquie chez toi ! » Cette expression qui insiste sur le principe de sécurité que met en œuvre une personne à l'égard de ses possessions signale en filigrane que les biens de valeur sont protégés, et à ce titre, couverts de discrétions et de secrets.

Mais alors pourquoi certains objets circulent librement alors que d'autres circulent bien gardés ?

À l'origine, les *lingots d'or* avaient une grande valeur. D'une part le métal qui les compose était reconnu comme précieux en raison de sa rareté. D'autre part, ce métal gardé matérialisait la valeur des autres choses qui elles, circulaient, s'échangeaient, se cassaient ou se jetaient. Autrement dit, ceux qui croyaient posséder des biens, possédaient en réalité des simulacres des choses gardées qui, elles, ne se donnaient jamais, puisqu'elles étaient aux mains de quelques propriétaires qui, généralement, étaient assez conservateurs pour que rien ne leur échappe.

Aujourd'hui, l'économie narfec est en pleine mutation et il semble que la valeur économique des biens n'ait plus de lien direct avec la concrétude des *lingots d'or*. Il m'a été très difficile de percer le mystère de la dématérialisation de l'économie. Il semble que les Narfecs ne disposent pas, à l'heure actuelle, des capacités cognitives nécessaires à la compréhension de cette dématérialisation, à l'exception peut-être de quelques experts et possédants. Mon enquête de terrain m'amène à conclure qu'environ 98,97 % des Narfecs n'ont aucune compréhension et aucune prise sur un système économique qui, pourtant, continue d'encadrer l'ensemble des échanges auxquels ils participent avec le même allant qu'autrefois.

Nous pouvons donc déduire que si hier les *lingots d'or* étaient bien gardés, aujourd'hui la conservation repose sur l'opacité fonctionnelle des processus de construction de la valeur économique. Sur ce point, l'ethnologue se retrouve donc réduit au point de vue indigène et n'a plus qu'à reprendre à son compte la maxime de l'éminent Sacrote : « Tout ce que je sais, c'est que je ne sais rien. »

Suite à ces descriptions, nous pouvons dire que dans le monde matériel narfec, nous dénombrons trois catégories de choses rectangulaires :
– Les choses rectangulaires utilisées pour elles-mêmes (la *carte bleue*, le *billet*, la *boîte aux lettres*, le *poisson pané*, etc.)
– Les méta-rectangles qui ne servent qu'à qualifier les choses rectangulaires (la *boîte* contenant les *poissons panés*, la *boîte* contenant les *barres de céréales au miel*, le *paquet* contenant le *rideau de douche*, etc.)
– Les parallélépipèdes bien gardés (les *lingots d'or*, les *biens immeubles*, les *billets* quand ils sont en nombre conséquent, etc.).

Schéma explicatif du pacte rectangulaire

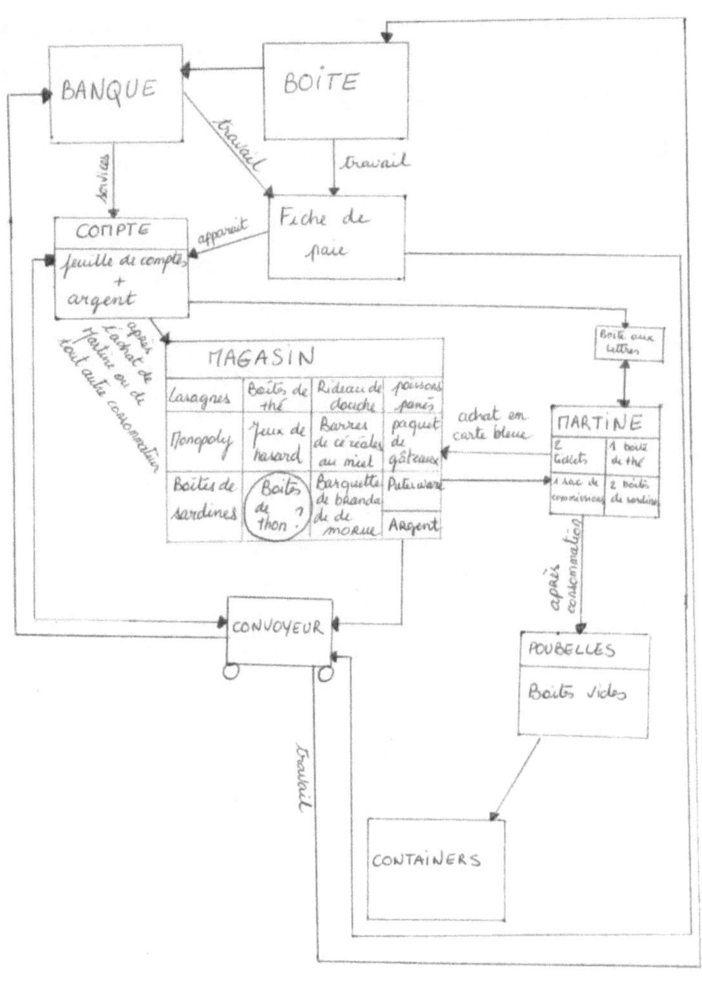

# TROISIEME PARTIE

41

## FORMER PAR LA FORME

## PRAXIS ET PROCESSUS DE NORMALISATION DES CORPS

# LA TOILETTE : UN RITUEL QUI MODELE

Nous avons largement expliqué jusque là le fonctionnement de la société narfec et arrivé en ce point, il pourrait être reproché à l'ethnologue que je suis, d'accorder bien plus d'importance à ce qui s'impose aux individus qui composent cette société (et qui s'apparente à un rapport de force) qu'à leur façon de l'appréhender. A travers l'analyse de la toilette et plus généralement des actes les plus quotidiens, je souhaite que le lecteur retienne que la simple réalisation ou l'accomplissement de ces tâches constitue déjà une adhésion à la norme et donc une participation et une reconnaissance du pouvoir de la forme.

Lors de mes entretiens, j'ai noté que pour les Narfecs, le lever n'est pas reconnu comme un moment agréable. Pierre a ainsi "la tête dans le cul". Simone se dit quant à elle "dans le pâté". Pour ces Narfecs là, il semble bien souvent que l'esprit et le corps soient partagés entre le désir de rester dans le monde du sommeil et l'obligation d'entamer une nouvelle journée. Cette phase entre-deux, dangereuse parce que potentiellement molle, est donc encadrée par la réalisation de rituels d'ablutions qui assurent la transition.

Afin de réaliser leur toilette, les Narfecs se dénudent entièrement. Cette nudité ne les gêne pas tant qu'aucun observateur extérieur ne s'aventure à dépasser la *porte d'entrée* de la *salle de bains*. Suite aux nombreux refus que j'ai essuyé, j'ai compris qu'il était nécessaire pour observer les rituels de toilette de l'intérieur que je paye de ma personne. Je me suis donc mouillé, menant un corps à corps dans l'espace restreint qu'accorde le *bac à douche*. C'est ainsi que j'ai accepté les termes d'un contrat tacite me liant aux informateurs en prenant pour tâche de leur frotter le dos. Afin de me distancier et d'éviter que l'encre ne coule, j'ai décrit ces observations sur mes carnets de terrain après leur réalisation. Aujourd'hui ces notes me permettent d'en tirer des analyses objectives.

Au lever, à l'instar de Simone, nombre de Narfecs sont « dans le pâté ». Cette expression culinaire ne signifie pas qu'ils s'engluent de cette préparation molle à demi-molle composée bien souvent de morceaux de porc écrasés. Les Narfecs ont arrêté de se graisser la patte pour se nettoyer, préférant aujourd'hui l'usage de l'eau et du savon. Nombre d'entre eux débutent donc leur journée par une douche. Une fois entrés dans le bac, les pieds posés sur la faïence froide, le *rideau de douche* est tiré. Ce geste vient clore matériellement et symboliquement cette phase qui les raccordait au monde moelleux du sommeil. Dans un premier temps, ils arrosent d'eau leur propre corps puis, une fois trempé, celui-ci est savonné puis arrosé de nouveau afin d'être rincé. Ces étapes s'achèvent par un séchage à la *serviette* puis par l'habillement.

Si l'on considère le vocabulaire associé à cette pratique que j'ai relevé dans les entretiens, la toilette consiste, dans un premier temps, en une opération qui vise à enlever les éléments considérés comme relevant de la disgrâce afin de devenir propre. Ainsi, les Narfecs se décrassent, se désencrassent ou désincrustent. Ces opérations de débarrassage des scories nous laissent envisager que tout se passe comme si libérer ses pores permettait de se libérer aussi du sentiment d'être porc.

Si la toilette permet de rendre le corps net, en conformité avec ses attentes personnelles comme avec celles de la société, c'est que ce nettoyage est médiatisé par l'usage du *savon de Barreseille*. Nous pensons, qu'au-delà des considérations hygiéniques, la réalisation de la toilette assure un passage, dont le *savon de Barreseille* est le garant. Ainsi, plus encore que laver, le *savon*, par sa forme, sert à rappeler au corps le monde matériel et la perception sociale qui lui est associée. Le *savon de Barreseille*, dur et compact, symbole de la force et de la puissance, assure et ritualise ainsi le passage de la condition moelleuse vers celle de la solidité et du raffermissement. On se lave donc pour entrer aussi conforme que possible dans cette nouvelle journée régie par l'ordre rectangulaire.

De nombreux Narfecs éprouvent un certain plaisir au cours de ce rituel quotidien de préparation, qui leur est imposé dès leur naissance. Certains même prennent un temps plus que pragmatiquement nécessaire pour effectuer ces opérations. Ceux-ci semblent alors montrer un intérêt particulier pour le résultat final du rituel, en prenant encore un temps supplémentaire pour observer dans un *miroir*, à distance variable, l'effet réel ou fantasmé de ces opérations sur leur corps.

# L'ALIMENTATION

## Le processus de la barquette

Les changements intervenus au cours du siècle dernier ont amené de nombreux Narfecs à se loger dans des *habitations* plus restreintes qu'auparavant et pour la plupart érigées en hauteur. Nous avons évoqué précédemment les *appartements*, sans expliquer que certains pouvaient se situer au 6ème, soit à une hauteur de quinze mètres. Ces situations de hauteur et/ou de restriction des espaces dédiés aux activités humaines ont éloigné les Narfecs des sols et, de ce fait, la réalisation des tâches nécessaires à la production alimentaire est aujourd'hui effectuée par des groupes particuliers : les agriculteurs, les éleveurs, les transformateurs, les intermédiaires.

Une fois arrivés à terme de leur maturation biologique chez les agriculteurs ou les éleveurs, les matières agricoles et carnées sont confiées à d'autres groupes professionnels dont la fonction est de transformer les végétaux ou animaux en produits. Les animaux destinés à la consommation peuvent à ce titre servir d'exemple. Transportés vivants à l'intérieur de *camions* vers un *abattoir*, ils seront ensuite déplacés morts afin d'être mis en *barquettes* pour être entreposés, empilés et vendus dans les *rayons* des *magasins* où les Narfecs pratiquent l'échange.

Aujourd'hui la plupart des Narfecs consomment des

*produits*. Nous comprenons bien comment les étapes précédemment décrites participent toutes au processus d'identification. Ces étapes en effet s'apparentent à un rite de passage puisque l'accomplissement de ce processus assure le passage d'un statut vers un autre. En l'occurrence, il s'agit non seulement du statut du vivant vers celui du mort mais aussi du statut de l'entier (l'animal) vers celui du découpé (la viande). Plus précisément, cette découpe permet de donner une forme là où, auparavant, il y avait absence de forme au regard des normes narfecs.

**Un peuple qui a la dalle**

En Narféquie, le fait de manger est reconnu, contrairement au lever, comme une activité agréable. Martine me disait souvent que "y a que ça de vrai dans la vie". Les Narfecs accomplissent pour la plupart cette activité trois fois par jour, mais s'y ajoute parfois la prise d'*en-cas*. Les repas sont consommés bien souvent à *table*, une sorte de plateau reposant sur quatre pieds qui permet de dresser le nécessaire de *table*. Les repas qui ne sont pas consommés à *table* sont quant à eux mangés sur le pouce, expression qui fait référence à la maigre quantité consommée alors.

Ces prises alimentaires successives répondent aux besoins physiologiques éprouvés par les Narfecs, mais pas seulement. Les besoins biologiques semblent socialement travaillés. D'une part parce que le besoin de manger est nommé communément avoir la *dalle*. Ce terme qui désigne par ailleurs une *surface plane* sur laquelle les Narfecs marchent, fait référence dans le contexte alimentaire à la place laissée vacante, au creux de l'estomac. D'autre part, les Narfecs entretiennent à l'égard de l'alimentation un double rapport buccal marqué par la simultanéité de leur capacité à évoquer leur goût pour certains plats préparés alors qu'ils sont en train d'en consommer d'autres. Enfin, comparativement à nombre de peuples, les Narfecs consomment des quantités d'aliments bien plus importantes.

Une fois encore, on est amené à penser que les représentations de leur physionomie interne développées par les Narfecs se fondent sur, et ne peuvent échapper à, leur vision du monde matériel et symbolique. C'est donc à ce titre que le processus d'incorporation nécessite non seulement une reconnaissance des *produits* qui seront consommés mais aussi une préparation de ces mêmes *produits* en adéquation avec les attentes de présentation.

Si l'alimentation narfec est marquée par la diversité des préparations, l'éclectisme des emprunts, l'exotisme ou encore la tradition, nous notons par ailleurs la récurrence des présentations de forme rectangulaire, au dépend des autres formes de dressage culinaire. Ceci s'insinue jusque dans les façons de conserver les restes et produits non consommés. En effet, ceux-ci sont disposés dans des *barquettes* étanches en plastique dites « Puterware » puis déposés dans les *réfrigérateurs* que chaque Narfec possède dans sa *cuisine*.

À ce titre, nous amenons l'idée selon laquelle le processus alimentaire qui mène de la production de matières premières à la consommation alimentaire est une métaphore de la vie narfec qui repose sur la reconnaissance et l'identification de toute chose. La *barquette* reçoit un contenu et, ce faisant, elle cerne, encadre et protège matériellement et symboliquement les denrées en départageant ce qui est reconnu comme consommable de ce qui ne l'est pas. Ainsi, les restes informes de purée, de ratatouille, de choucroute ou encore de daube retrouvent une forme via leur conditionnement rectangulaire.

# « C'EST DANS LA BOITE »

## LANGAGE ET RECTANGLAGE DU QUOTIDIEN

Comme l'écrit l'éminent linguiste Serdinan de Fauffure : « Si l'on veut démontrer que la géométrie admise dans une collectivité est une chose librement consentie, c'est bien la langue qui en offre la preuve la plus éclatante. »

Forts de ce précepte, nous devons à présent nous pencher sur un élément caractéristique de la structure linguistique Narfec. Ainsi apparaît la surabondance d'expressions courantes faisant usage du mot *boîte*, dont la polysémie est une véritable gageure pour l'ethnologue.

Tout d'abord dans son sens le plus quotidien, le terme *boîte* décrit un emballage cartonné ou plastifié servant de contenant à quelque chose d'autre. Comme nous l'avons vu précédemment, il s'agit alors de métarectangles. Afin de permettre l'identification de la bonne boîte parmi tous celles présentes dans les *placards* d'un foyer, le terme est toujours employé avec un complément d'objet direct qui en désigne le contenu. Par exemple la *boîte à chaussures*, la *boîte de gâteaux*, la *boîte à sardines*, la *boîte de thon* (dont on ne peut que s'étonner de l'originalité géométrique). Ces *boîtes*-là sont souvent invoquées par les Narfecs dans leurs interactions routinières, notamment dans des expressions telle « Passe moi la *boîte de gâteaux* », auxquelles sont ajoutées des formules rituelles de politesse, si les relations entretenues au sein du foyer au moment de l'interaction sont cordiales. Sous l'apparente simplicité de la requête, encore faudra-t-il comprendre ce qui semble évident pour tout Narfec : ce n'est pas tant la *boîte* qui est ici demandée, mais son contenu. Ainsi, prendre la requête au pied de la lettre et ne fournir à celui qui le demande que le *contenant* de carton vidé de son contenu peut aisément passer pour un affront.

Une deuxième acception courante du terme *boîte* se situe dans le domaine de la vie sociale lié au travail et désigne alors une *entreprise*. À ces *boîtes*-là, les Narfecs cultivent un rapport ambigu fait à la fois de loyauté, puisque l'ancienneté dans la *boîte* est valorisée ( par exemple : « Il sait ce qu'il dit, il a vingt ans de *boîte* ! »), et de méfiance, notamment envers les grosses *boîtes*, ou encore les *boîtes* étrangères. Si certains Narfecs acceptent de changer de *boîte* en cas de nécessité, ils vivent très souvent dans la peur que leur *boîte* ne ferme ou ne coule, ou encore qu'elle soit rachetée par une autre *boîte*, ce qui arrive assez fréquemment. Cette peur est évidemment liée au fait que c'est la *boîte*, sous cette acception, qui fournit la *paie* nécessaire aux échanges du pacte rectangulaire.

Mais le terme *boîte* peut aussi désigner un lieu à visée récréative où les Narfecs s'enferment, généralement les nuits de week-end, afin de mettre en place diverses parades nuptiales sur une *piste de danse*. Celles-ci utilisent davantage les aptitudes corporelles que langagières puisque le niveau élevé de la musique, diffusée en continu, ne permet guère les conversations soutenues.

Ces deux usages métaphoriques du terme *boîte* montrent combien le langage façonne les manières de penser et de se représenter le monde. Nous avons vu que les choses du quotidien sont formées par des agencements de rectangles. Il nous semble donc légitime de penser que cet ordre matériel influe sur la façon de (se) penser et de (se) ranger (dans) ce monde.

Ce rapport au rangement de soi, ou des autres, passe par les manières de dire ou de faire. Par exemple annoncer qu'on a un ticket avec quelqu'un, qu'on se range ou qu'on se case lorsque l'on se marie, qu'on se plie en quatre, qu'on a enfin une bonne place, qu'on ne peut pas s'encadrer quelqu'un, ou encore que quelque chose nous dé-range... Ces expressions ne constituent-elles pas autant de tentatives de définition et de remodelage des enveloppes individuelles ?

L'analyse de l'argot narfec apporte des pistes de réflexions supplémentaires quant à l'usage métaphorique d'un contenant symbolique pour parler de soi ou de ses activités. Citons les expressions : « Oh, t'as vu ta boîte ! » (le terme renvoyant ici au visage), « Oh hier, je me suis mis une sacrée boîte ! » (le terme renvoyant dans ce cas à un excès de substances alcoolisées), ou encore « Oh, comme il s'est fait mettre en boîte ! » (le terme renvoyant alors aux railleries d'une tierce personne).

Étrangement, lorsque les Narfecs veulent exprimer un grand ravissement ils ont tendance à utiliser avec entrain l'expression « Oh, comment ça dé-boîte ! ». Nous l'aurons compris, l'expression relève fort bien le

caractère exceptionnel, voire extraordinaire, de la chose
ainsi évaluée. Il ne faudrait pas pour autant conclure
que les Narfecs recherchent réellement une extra-boîtité
dans leur quotidien, car à l'inverse de l'exemple
précédent, l'expression « Oh, comme je me suis fait dé-
boîté ! » comporte une forte charge négative, qui dit bien
ce qu'elle veut dire.

Bien que la description ne soit pas exhaustive, ces
éléments relatifs à la place des *boîtes* dans le langage
narfec nous amène à questionner la fonction de cette
omniprésence structurelle. Tout se passe comme si, en
Narféquie, la *boîte* était à la fois une allégorie
langagière, le lieu des activités économiques et un *cadre*
de pensée qui s'em-boîte pleinement dans le quotidien
des interactions. L'expression « C'est dans la boîte ! »,
qui vient parfois signifier l'achèvement d'une activité
considérée comme réussie, corrobore cette idée. À
l'instar de la *barquette* du *réfrigérateur*, le langage
semble contenir la pensée des Narfecs de manière à ce
qu'elle ne puisse envisager d'autres formes
géométriques que le rectangle.

# « TU ES NE RECTANGLE ET TU RETOURNERAS RECTANGLE »

À ce stade du propos, nous avons compris que le rectangle est non seulement présent, mais aussi produit et reproduit quasiment à l'infini. Cette mise en abîme assure une profondeur à cette figure qui n'en a pas en réalité, puisqu'un rectangle, comme chacun sait, est plat.

La production du rectangle, dans le rectangle, entretient donc la légitimité de sa présence et, dans le même temps, sa surreprésentation participe petit à petit à l'oubli des autres formes géométriques possibles (le cercle, le triangle, voire le losange).

**L'apprentissage précoce de la structure**

Le rectanglage est mis en place de façon à ce que les Narfecs aient du mal à se défaire de ce cadre. Leur vie, avant même la conception, est définie par ce pourtour. Ainsi, nombre d'enfants sont conçus au *lit*. Ce terme définit à la fois l'activité sexuelle qui peut aboutir, ou non, à la conception tout autant que la *couche*, qui n'est autre qu'un parallélépipède moelleux sur pieds.

Selon ce même procédé, les bébés qui sont encore dans le ventre de leur mère sont échographiés. Ce terme qui peut être décomposé en écho, ce qui revient, et graphie, l'image, permet de savoir si « tout se passe bien à l'intérieur », si « tout est en ordre ». Cet ordre, justement, est visualisé au moyen d'un support rectangulaire qui nous laisse envisager la théorie suivante : tout se passe comme si la visualisation de tout ce qui passe à l'intérieur n'était pas tant destinée à vérifier si tout se passe bien à l'intérieur, mais plutôt à remettre en conformité l'arrondi du ventre qui, éventuellement, pourrait faire désordre dans le monde narfec où tout, finalement, est rectangulaire et doit le rester.

Une fois sorti du ventre, l'enfant est rituellement posé sur sa mère puis placé dans un *berceau* : sorte de *bac* qui déjà, dès ses premières minutes de vie, le forme et l'habitue à ce qui ne le quittera plus. Le petit Narfec sera ainsi rectanglé : s'il apprend d'abord avec le *berceau*, viennent ensuite le *lit*, les *parcs* et les *jeux* desquels il retire l'apprentissage des différentes tailles de parallélépipèdes et comprend progressivement leur emboîtement. Ainsi, l'appréhension de la rectangularité du monde n'a rien de naturelle, mais résulte d'un travail et d'une imprégnation de la forme dès les premiers moments de la vie.


**Habitus et reproduction**


Imprégné et formé, le petit Narfec grandit et réclame à son tour, d'abord par imitation : du *poisson pané*, des *steaks hachés*, des *frites*, de la soupe « avec des pâtes rigolotes en forme de rectangles », des *raviolis*, des *lasagnes*, des *brochettes*, des *malabars*, des *carambars*. Il reçoit un apprentissage aussi sur son *banc* d'école, monnayé au moyen de *bons points* qui par dix sont échangés contre une *image*, puis contre des *livres*. Une fois formé, il est reconnu dans cette qualité par la société qui lui octroie les attributs suivants : une *carte d'identité*, un *passeport*, une *carte vitale*, une *carte d'électeur*, des *feuilles de paie*, des *feuilles de compte*, une *carte bleue*. Pour se changer les idées, se divertir, certains s'amusent avec des *consoles de jeux*, d'autres bidouillent sur un *ordinateur*, un *téléphone portable*, pianotent la *télécommande* de la *télévision*, ouvrent le *journal*, un *livre*, vont au *cinéma*, ou jouent aux *cartes*. D'autres se distinguent avec des *diplômes* ou un plus gros *portefeuille*, voire les deux.

Presque tous les enfants ayant grandi en viennent à pratiquer, à un moment donné, un travail qui les plonge au cœur des échanges et leur assure l'accès à un *logement* et à un *lit* qui permettra de recevoir l'*échographie*. Plus tard, l'enfant dans le *berceau* sera formé à son tour. Ainsi, retenons que si certains rectangles sont donnés via l'éducation, d'autres doivent s'acquérir, « se mériter » diraient certains Narfecs. Or, nous savons grâce aux travaux de B. Pourdieu que les *biens* à acquérir sont d'autant plus accessibles que l'on a intégré dès le plus jeune âge, et dans son corps même, les *cadres* de la structure dominante.


**Sertir ce qui se désintègre : au-delà de la corporéité**

Ce parcours fait de rectangles donnés et de rectangles acquis qui débute *in utero* se poursuit jusqu'à la mort, et même dans l'après-vie. En effet, au moment où pour une raison ou une autre la mort d'un Narfec est constatée par les autorités compétentes, un rituel est consacré au défunt. Celui-ci est alors déposé dans un *casier* à la *morgue* attendant que diverses formalités administratives fort coûteuses soient effectuées par sa famille endolorie. Quelques jours plus tard, le corps inanimé subit une mise en bière, étape qui consiste à le placer dans un *cercueil*, sorte de contenant servant à éviter la dispersion des restes.

Le rituel qui consiste à rendre un dernier hommage au défunt peut prendre deux formes. Dans la première, le *cercueil* est placé dans une immense *cheminée* qui réduit en cendres le corps et son cercueil. Les cendres sont ensuite remises à la famille dans une *urne* qui sera conservée et rangée, si possible assez loin de la salière afin d'éviter tout incident. Dans la seconde forme du rituel le *cercueil* est déposé dans un *trou* prévu à cet effet, puis recouvert de terre. Là se produit un nouvel assemblage de rectangles. Le *trou* creusé en terre est recouvert à l'horizontale d'une *dalle* de pierre ou de marbre, à son tour surmontée à la verticale d'une *stèle*, qui elle-même supportera une ou plusieurs *plaques* ornementales inscriptibles. Paré de chrysanthèmes, cet agencement – lorsqu'il est bien entretenu – témoigne de l'affection des proches restés en vie, mais pas seulement. En effet, les cimetières narfecs permettent d'admirer le parfait alignement des *tombes* dans les *allées* : garantie morbide de la cohérence de cette société.

# BIBLIOGRAPHIE


**Bary Doucrass**, *De la souillure, essai sur les ablutions*, Ripas, La Baie couverte, 1971.

**Bière Pourdieu et Jean-Fraude Sapperon** *La Rectangulation sociale : éléments d'une théorie du système d'encadrement*, Ripas, Le Deuil, 1970.

***Bière Pourdieu et Jean-Fraude Sapperon***, *Les Équerrés*, Ripas, Le Deuil, 1964.

**Bière Pourdieu**, *Ce que rectangler veut dire*, Ripas, Le Deuil, 1982.

**Bière Pourdieu**, *La Misère des nombres*, Ripas, Le Deuil, 1982.

**Gaurice Modelier**, L'Énigme du don, Ripas, Fuyard, 1997.

**Jean Caze**, *L'Initiation masculine des jeunes Bantous : des mythes opaques au Tetra Pak*, Tierplemont, PUT, 1985.

**Jean Caze**, *Le Piment et les boulettes, Anthropologie des consommations alimentaires chez les Bandjabi du Gabon*, Tierplemont, PUT, 1961.

**Jean Caze**, *Un éléphant pour le village : analyse et codification du partage alimentaire chez les Fangs du Gabon*, Tierplemont, PUT, 1965.

**Serdinan de Fauffure**, *Cours de linguistique : les mots casés*, Ripas, Tayot, 1916.

# TABLE DES MATIERES